Léon

Annie Groovie

Léon

et les expressions

UN MERCI TOUT SPÉCIAL À FRANCK,
LE PAPA DE LÉON.

la courte échelle
100% littérature

Introduction !

La langue française est l'une des plus belles langues du monde et, à mon avis, l'une des plus riches. Grâce à son vocabulaire bien fourni, elle te permet d'exprimer tout ce que tu veux dire, de mille façons différentes.

Parfois, pour éviter de trop longs discours, on utilise une expression imagée. Elle résume ce qu'on ressent en une simple et courte phrase. Ces expressions sont très faciles à apprendre et à utiliser. Elles sont souvent amusantes, quelquefois un peu étranges mais toujours efficaces. Retiens-les bien, elles te seront utiles au quotidien.

On dit qu'une image vaut mille mots. Alors, je ne t'en dis pas plus, suis-moi ! Amusons-nous à découvrir mes expressions préférées.

10, 9, 8, 7, 6, 5, 4, 3, 2...

DONNER SA LANGUE AU CHAT

Lorsqu'on te pose une question difficile et que tu es incapable de trouver la réponse, tu dis : «Je donne ma langue au chat.»

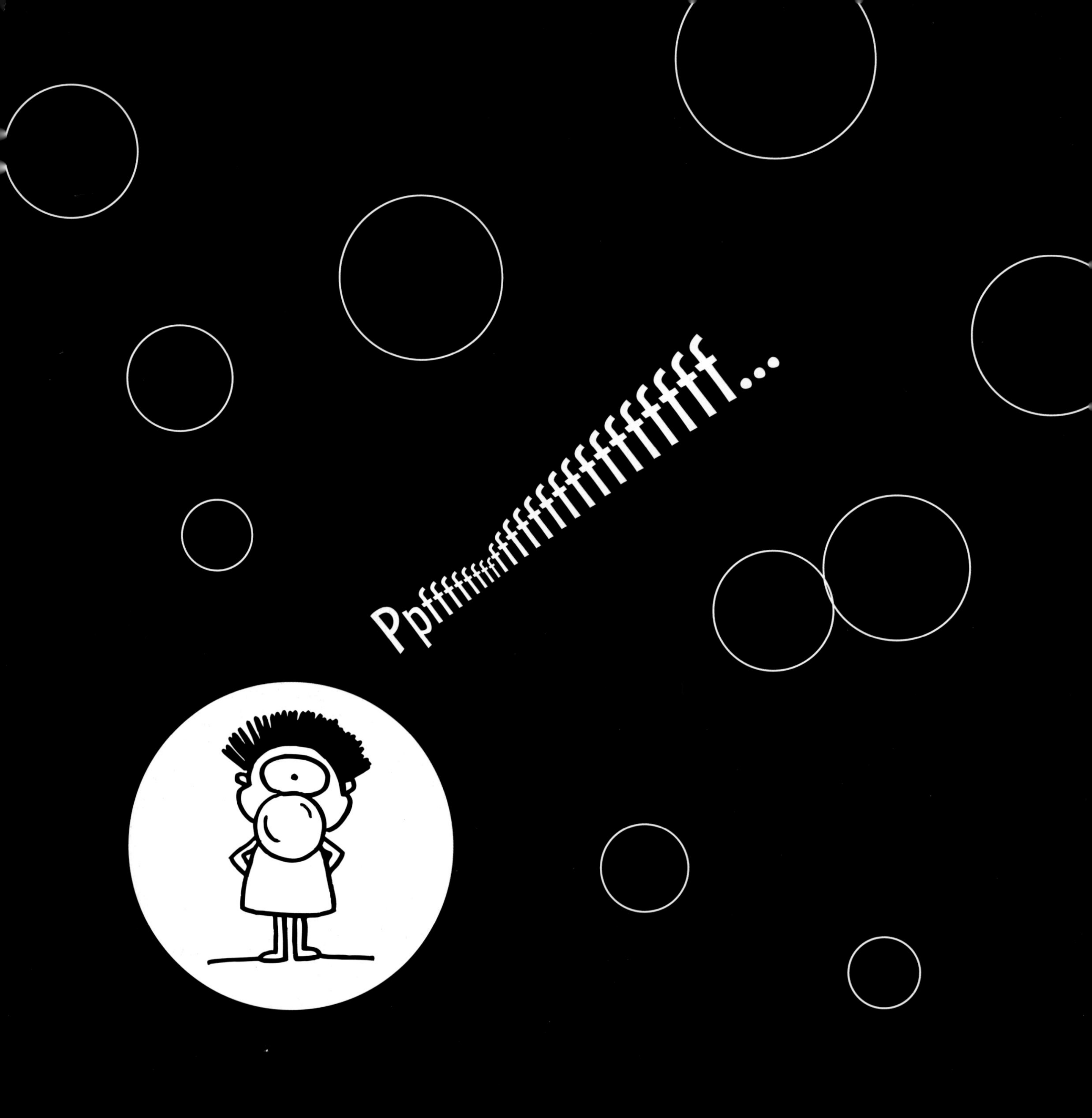
Ppffffffffffffffffffffffff...

SE FAIRE PRENDRE LA MAIN DANS LE SAC

Si on te surprend à faire un mauvais coup, on vient de te prendre la main dans le sac !

Euh...euh...euhhhhh...???

SAUTER AU PLAFOND

Quand tu apprends une nouvelle qui te fait jubiler ou exploser de joie, il est impossible de te retenir et de te calmer. Tu sautes au plafond !

La la la...ti ti ti...dou dou dou...da da da...

TOURNER AUTOUR DU POT

Tu hésites parfois avant de répondre à une question embarrassante ? Tu ne sais pas comment aborder un sujet délicat ? Dans les deux cas, tu tournes autour du pot.

Sssssssslllluuuuuuuuuuuuuurrrrrrrrrrrrrrrrpppppppppp......

APPRENDRE SUR LE TAS

Il t'arrive d'apprendre par toi-même, sans professeur, simplement en observant les autres ? C'est ce qu'on appelle apprendre sur le tas.

miam miam miam mian
miam
miam miam
miam !

S'ARRACHER LES CHEVEUX

Si un jour tu ne trouves pas de solution à un problème et que tu perds tout espoir que les choses s'arrangent, tu pourrais avoir envie de t'arracher les cheveux.

VIDER SON SAC

T'arrive-t-il d'avoir l'envie soudaine de laisser parler ton coeur, sans détour, en n'hésitant pas à dévoiler ce qui te déplaît ? Dans ces moments-là, tu vides ton sac.

TOMBER DANS LES POMMES

Quand tu vis des émotions fortes ou quand ton corps est en panne d'énergie, tu peux perdre connaissance... ou, si tu préfères, tu peux tomber dans les pommes.

DONNER LE FEU VERT

Si tu es d'accord avec une autre personne et que tu lui donnes l'autorisation de passer à l'action, tu lui donnes le feu vert.

Oups!?

AVOIR LA TÊTE DANS LES NUAGES

Il t'arrive parfois d'être rêveur, de partir loin dans tes pensées ? Aurais-tu la tête dans les nuages ?

Tadam !

AVOIR PEUR DE SON OMBRE

Lorsque tu es très craintif et que tu manques de courage devant une situation sans danger, on dira que tu as peur de ton ombre.

FAIRE COULER BEAUCOUP D'ENCRE

Un événement important ou bizarre vient de se produire ici ou ailleurs dans le monde et tous les journaux en parlent. C'est un sujet qui fait couler beaucoup d'encre.

1-2. 1-2. 1-2. 1-2. 1-2. 1-2. 1-2. 1-2. 1-2. 1-2. 1-2. 1-2. 1-2. 1-2.

PASSER DU COQ À L'ÂNE

Si tu changes rapidement de sujet de conversation sans faire de lien avec ce que tu disais auparavant, tu viens de passer du coq à l'âne.

Hhhhhhhhhiiiiiiaaaaaaaahhhh !

Hooouuuhooouuuuuhoooouuuuu !

Hiiiiihiiiiihiiiiihiiiiiiihiiihiiii !

RIRE JAUNE

Lorsque tu vis des situations désagréables ou embarrassantes et que tu te forces pour rire même si ce n'est pas drôle du tout, tu ris jaune.

?

SE METTRE LES PIEDS DANS LES PLATS

En abordant un sujet délicat, tu peux parfois commettre une gaffe sans t'en rendre compte. Tu viens de te mettre les pieds dans les plats.

VENDRE LA MÈCHE

Quand tu trahis le secret d'un ami ou que tu révèles une surprise avant le temps, tu en as trop dit, tu as vendu la mèche.

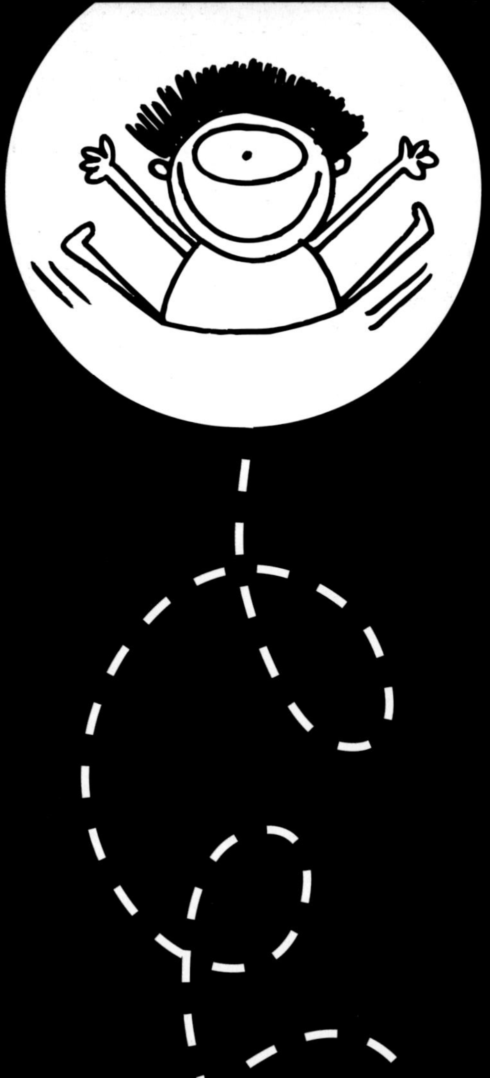

AVOIR DES FOURMIS DANS LES JAMBES

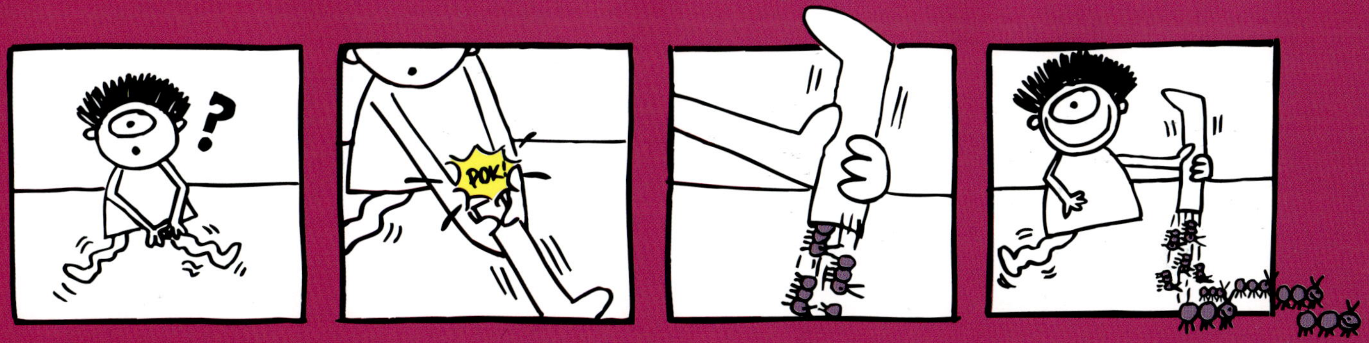

Parfois, si tu restes immobile trop longtemps, il se peut que tu ressentes des picotements. C'est comme si tu avais des fourmis dans les jambes.

MANGER SUR LE POUCE

Il arrive que tu sois trop pressé pour t'asseoir à table et manger ton repas avec les autres ? Dans ce cas-là, tu manges sur le pouce.

LÂCHE PAS LA PATATE

Si un ami entreprend un projet difficile qui lui demande beaucoup de courage ou d'effort, tu peux l'aider en lui disant de ne pas lâcher la patate.

PRENDRE SES JAMBES À SON COU

Parfois, quand vient le temps de partir à toute vitesse, de courir le plus vite possible pour échapper à un danger, prends tes jambes à ton cou, sauve-toi !

AVOIR LES DEUX PIEDS DANS LA MÊME BOTTINE

Lorsque tu es maladroit ou que tu n'es pas très débrouillard, on dira que tu as les deux pieds dans la même bottine.

CHANGER LE MAL DE PLACE

Quand une activité t'ennuie et que tu décides d'en entreprendre une autre tout aussi ennuyante, tu ne fais que changer le mal de place, tu ne règles rien.

S'ÉCLATER

Un jour, si tu fais la fête et que tu as beaucoup de plaisir, tu te sens libre et léger, tu peux dire que tu t'éclates!

coucou !

PARLER À TRAVERS SON CHAPEAU

Si parfois, pour avoir l'air intelligent, tu discutes d'un sujet sans vraiment le connaître, tu parles à travers ton chapeau. C'est une expression que nous avons empruntée à l'anglais et qui veut dire «parler à tort et à travers».

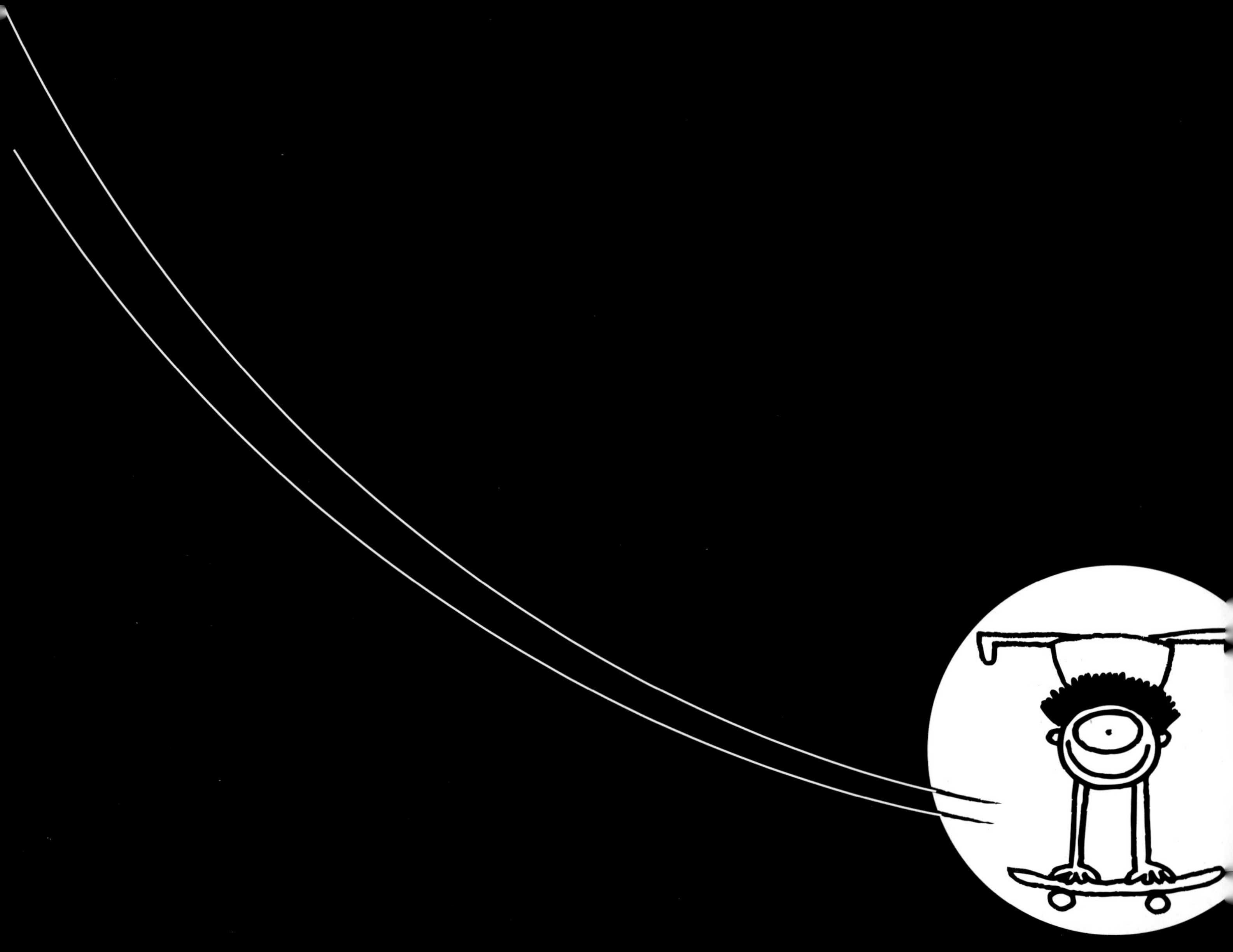

REMPORTER LA PALME

Tu as gagné un concours à l'école ? Tu as reçu un prix ? C'est ce qui s'appelle remporter la palme.

DÉCROCHER LA LUNE

Quand tu aimes quelqu'un très fort, tu es prêt à tout pour lui faire plaisir. Tu veux lui offrir ce qu'il y a de plus beau, de plus précieux. Tu décrocherais la lune pour lui plaire.

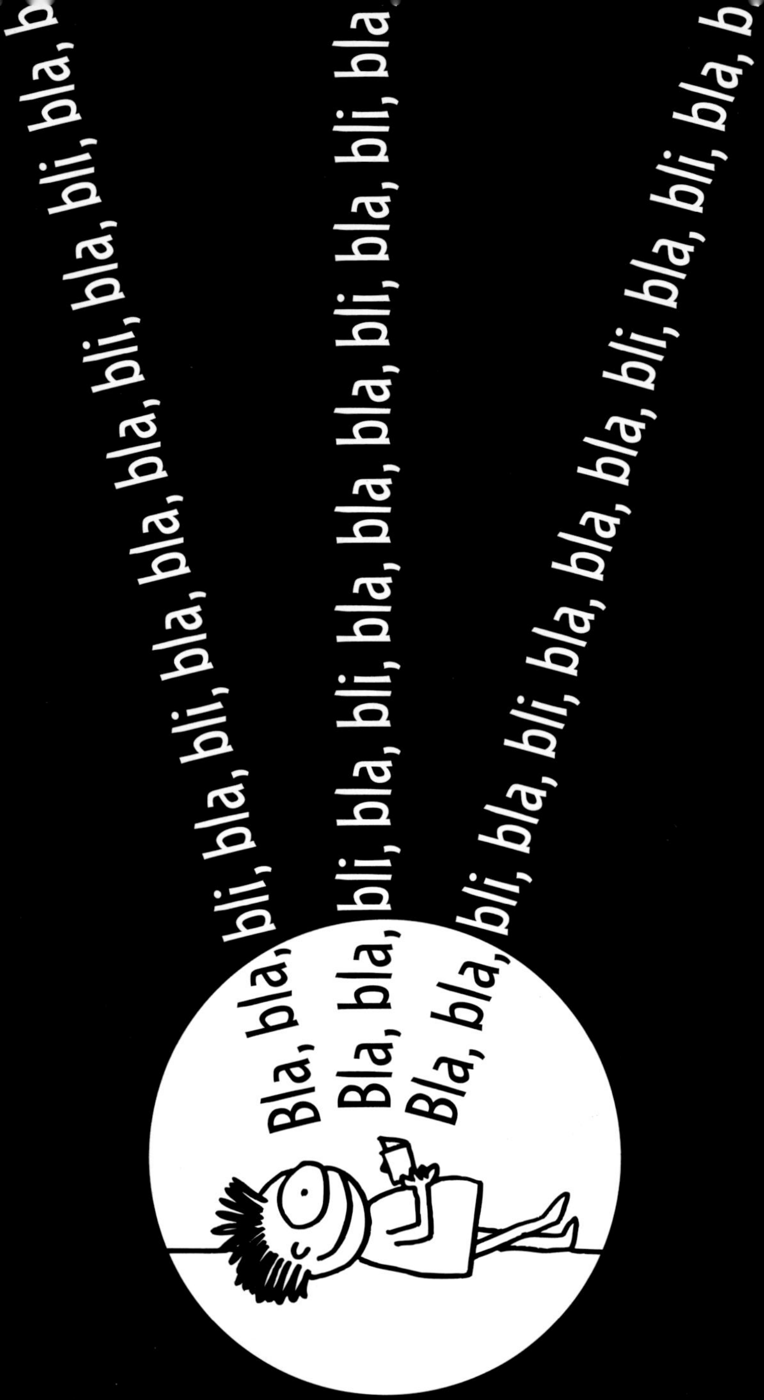

Bla, bla, bli, bla, bli, bla, bla, bla, bli, bla, bli, bla, b
Bla, bla, bli, bla, bli, bla, bla, bla, bli, bla, bli, bla
Bla, bla, bli, bla, bli, bla, bla, bla, bli, bla, bli, bla, b

SAUTER UN REPAS

Il arrive que tu sois si occupé que tu ne puisses pas prendre le temps de t'arrêter pour manger ? Tu sautes alors un repas.

Youhou ? ? ??

AVOIR UN CHAT DANS LA GORGE

Lorsque tu perds la voix ou qu'elle devient enrouée, on dit que tu as un chat dans la gorge.

ÊTRE DANS SA BULLE

Quand ton esprit est ailleurs, dans un autre monde, tu n'es plus tout à fait sur terre. Tu n'entends plus ce qui se passe autour de toi. Tu es dans ta bulle.

Tourlou !

PERDRE LA TÊTE

Si un jour tu ne réfléchis plus avant d'agir, que tu te mets à faire n'importe quoi et que tu délires... tu auras perdu la tête.

La courte échelle reconnaît l'aide financière du gouvernement du Canada par l'entremise du Programme d'aide au développement de l'industrie de l'édition pour ses activités d'édition. La courte échelle est aussi inscrite au programme de subvention globale du Conseil des Arts du Canada et reçoit l'appui du gouvernement du Québec par l'intermédiaire de la SODEC.

La courte échelle bénéficie également du Programme de crédit d'impôt pour l'édition de livres — Gestion SODEC — du gouvernement du Québec.

Données de catalogage avant publication (Canada)

Groovie, Annie

Léon et les expressions

ISBN 2-89021-711-6

1. Français (Langue)-Mots et locutions-Ouvrages pour la jeunesse.
2. Français (Langue)-Idiotismes-Ouvrages pour la jeunesse. I. Titre.

C2689.G76 2004 j443'.13 C2004-940546-2

Imprimé en Chine